NOTA DE LA AUTORA

Para quienes me conocen desde que era pequeña, no se compone de nada nuevo el decir que siempre me han gustado las cosas bellas, sensibles y bonitas. Supongo que como a todos ¿no? pues, ¿quién no se siente atraído — o, al menos, siente cierta apreciación con tintes bucólicos o nostálgicos — por un atardecer en verano, un pájaro piando o un mar de nubes flotando por la línea del horizonte? Evidentemente, nadie. Con todo, lo que sí es cierto es que una actividad que de manera general disfrutamos todos, a mí en particular me gustaba en un sentido que considero que iba más allá del mero, y generalizado, gusto por la naturaleza y a lo que ella rodea. Así, me atraía en un sentido contemplativo, algo especial, algo poético, extremadamente sensible, casi espiritual — una idea que expongo aún a riesgo de sonar un poco egótica, cursi quizás, mas nada más lejos de unas líneas que, así lo espero, meramente pretenden transmitir *los sentimientos particulares de esta autora de la manera más directa posible—. En este sentido, por tanto, yo percibía ciertas cosas de una manera que nunca conseguí expresar de modo alguno..., al menos hasta mediados del año 2020.*

En referencia a esto, creo que todo el mundo sabe lo triste, deprimente y agotador que fue ese momento. Mi caso, por supuesto, no fue una excepción al del resto y, de hecho, sin entrar en detalles personales considero importante remitirme a exponer brevemente lo que esos meses supusieron *para mí, especialmente a nivel emocional — a fin de dar a entender mis aspiraciones con este libro —. Una exposición que, en pocas palabras, podría resumirse en una sensación de ansiedad constante como nunca antes había tenido y un completo y absoluto sentimiento de vacío interior, mezcla de desesperanza e impotencia. Como yo, otros tantos millones de personas vieron cómo, de repente, su mundo y su realidad se desmoronaban al ritmo de algo que ni ellos ni nadie podía controlar enteramente. Así, como tantas otras personas, me aferré a aquello que me ataba a la cordura y que me permitía evadir mi mente de una realidad que nunca — ni siquiera a día de hoy, dos años después — conseguí asimilar del todo. En mi caso, tal y como he mencionado antes, la respuesta al caos exterior siempre había estado allí, pero nunca antes había sido merecedora de mi entera consideración. Ahora, en cambio, no sólo recibió mi completa atención, sino que, por suerte, estuvo allí para actuar como un salvavidas de emergencia. Estoy hablando, por supuesto, de la búsqueda — personal, casi espiritual — de la belleza en todas sus formas: en el arte, en la música, en la lectura, en la calma, en el tiempo y, — como no podría ser de otro modo —, en la misma contemplación de la naturaleza, especialmente del cielo. Una búsqueda que iniciaría a mediados de agosto de ese mismo año y que, cabe mencionar que no fue, de hecho, un camino hecho de rosas. Con todo, la paz, la calma y la visión del mundo que me trajeron aquellos momentos — tan duros a nivel personal y general —, es algo que, a día de hoy, agradezco con todo mi ser. No nos equivoquemos, no volvería a repetir ese año ni por todos los bienes de este mundo, pero — sin duda y en muchos sentidos — no me arrepiento de haberlo vivido del modo en que lo hice. ¿Por qué? Porque 2020 supuso para mí el equivalente a quitarme una venda de los ojos. El equivalente a liberarme, en muchos sentidos, de cosas a las que no sabía que estaba atada y a prestar atención a lo que realmente valoraba. En definitiva, a apostar por la vida que yo quería vivir y por la persona que, realmente, yo queria ser. De este modo, como tantas otras personas — y tal y como acabo de mencionar —, inicié este doloroso recorrido en verano de 2020.*

Empezaría por escribir canciones. Era lo que más a mano tenía. Inspirada por la imperturbable calma del campo, las nubes infinitas y la música del desamor a la que me aficioné por aquel entonces, me lancé a componer mis propias letras y melodías. El experimento, tal y como cabría esperar, no salió adelante del modo en el que mi exigente mente hubiera querido, pues yo no tenía verdaderas ganas de llevar a cabo nada realmente fructífero en ese momento. Con todo, al menos, y gracias a esta primera prueba, entendí que podía dedicar mi deprimente tiempo a cosas que no había probado antes y que, quizá, podrían distraerme de aquel momento tan gris que, como sociedad, estábamos viviendo. Creo recordar que fue en ese momento cuando comencé a escribir poesía, pues supongo que las circunstancias me empujaban a ello. Lo que yo vivía — al menos, bajo mi propia consideración — era, digámoslo así, un escenario que cualquier arquetípico artista afligido habría encontrado idóneo para describir en su obra. En medio de la campiña, con una angustia terrible y con esa tendencia al romantizado fatalismo con el que yo solía ver la vida, sin duda aquella situación — que yo creía que no acabaría nunca —, hubiera hecho las delicias de cualquier poeta maldito. Una situación a la que yo tendía a dar una importancia mayor que a las del resto de las personas si bien, al menos, me gustaría concederme ese momento de importancia pues, al fin y al cabo, cada cual estaba luchando sus propias batallas y yo no iba a hacer de menos la mía, pues haberlo hecho, habría *conllevado también dar la última estocada a mi maltrecha autopercepción.*

Sería entonces, por tanto, cuando irrumpirría igualmente en escena, mi frenética búsqueda por algún tipo de concurso o certamen al que presentarme. Había decidido que, aunque no sacara nada de todas esas pruebas que estaba haciendo — poesías varias, canciones sobre falsos desamores, inicios de novela que nunca acabé —, al menos trataría de buscar el premio económico. En cierto sentido, rentabilizar mi tristeza. Este pensamiento era, a todas luces, un ejercicio de autoengaño. Mi poesía — si es que lo que hacía podía calificarse como tal —, era mayoritaria y objetivamente mala. Y eso era algo que yo sabía en aquel momento — si bien, a día de hoy, pudiendo ser un poco más objetiva, lo cierto es que algunos poemas de los incluidos en este libro, y que fueron escritos en aquel entonces, que me parecen genuinamente buenos —. Sin embargo, en aquel momento, la calidad literaria no era lo que yo buscaba o, al menos, no era lo único *que yo buscaba. Algo que, se debía a que lo que yo necesitaba en aquel momento era una motivación concreta, una meta a alcanzar y así, por muy triste o deprimente que pueda sonar, esa meta pasaba por tener dinero para poder llevarla a cabo, si es que el dinero no era una meta per sé. En aquel punto pues, lo único que me importaba era el objetivo que me había prometido encontrar, la línea de meta que hacía que todos mis problemas no fueran más que meros espectadores de mi brillante sprint final. Un objetivo que encontraría unos meses después, cuando el otoño y sus melancólicos tonos rojizos, paradójicamente, me hubieran envuelto en un torbellino de paz que, por fin, se asemejaba a un atisbo de esperanza. Un atisbo que vino, efectivamente, en forma de un idóneo certamen de poesía, tiempo para llevarlo a cabo y un premio de tres cifras. Por fin, había encontrado un motivo y, ahora lo sé, aunque la motivación material y más evidente era económica, lo cierto era que la verdadera motivación era de mera y pura supervivencia, y eso sí que era deprimente, mas no por ello menos real.*

Los siguientes meses fueron una montaña rusa de emociones — buenas y malas — que, pese a todo, recuerdo como el inicio de mi mejora — física, pero sobre todo emocional — y del comienzo de algo nuevo, mejor y esperanzador. Cada jornada, volvía de mi rutina diaria directa al escritorio, deseando acabar con todos los quehaceres varios que me apartaban del punto focal de vitalidad que, para mí, suponía el escribir. Día tras día, mes tras mes, escribía, corregía, me desesperaba, sonreía, borraba enfadada o tecleaba inspirada. Con todo, lo que *hacía daba lo mismo. Lo importante era* que lo *hacía. Que, por fin, alentada por la gente que quería y enfocada en algo concreto, tenía realmente un motivo para seguir. Para vivir, no meramente para sobrevivir. De este modo, y como dijera antes, la calidad literaria no fue el estandarte que, por aquella época, me guió mientras escribía si bien, en el fondo, yo entonces pensaba — fantaseaba más bien —, con la idea de que aquellos poemas eran dignos de todos los elogios del mundo y que, por obra y gracia divina, me llevarían a lo más alto de la esfera literaria. Desvaríos diversos, ideas soñadoras, mas lo cierto es que vivía en una burbuja que me estaba sanando y, si soñar despierta — aunque erróneamente — era el precio, no sería yo quien pinchara aquella esfera gracias a la cual estaba comenzando a respirar. Con todo, es por este mismo motivo que, en verdad, no me sorprendí cuando casi un año después de haber iniciado aquel camino, el fallo del certamen no me concedió el premio de tres cifras que tanto me había motivado en un principio. Evidentemente, me hubiera hecho ilusión ganarlo, pero mi burbuja se había comenzado a asentar y, aquella noticia, que meses antes podría haberme desanimado profundamente, no me supuso mayor disgusto que el moderadamente esperado. Una mejoría en la que, claramente, la escritura y el apoyo de mis allegados tuvo un gran peso, sin duda, mas también lo hizo el apoyarme en profesionales de la salud mental. Los mismos que, dejando las cosas bien claras — no había fórmulas mágicas ni instantáneas — me animaron a apostar* realmente *por mi felicidad, por mi salud y, sobre todo, por mí, aun cuando eso suponía desprenderse de cosas que mi yo de inicios de 2020 habría considerado indispensables y que, en verdad, lo supe entonces — lo sé ahora —, no me llenaban ni me hacían bien.*

Hoy, más de dos años después del inicio del peor momento de mi vida, puedo decir orgullosa que sobreviví, en términos no metafóricos, a 2020. Pese a los altibajos, pese a los momentos que aún me angustian, pese a la ansiedad que aún tengo provocada por aquello, lo cierto es que superé aquel momento. Como yo, otros tantos millones de personas aún conviven con las secuelas — físicas, pero sobre todo mentales —, de lo que aquellos meses de incertidumbre y angustia supusieron para todos. Considero por tanto que, si podemos sacar algo bueno de aquel momento que a tantos llevó a esta situación mentalmente extrema, es la importancia que se le ha comenzado a dar a la salud mental. A tratarla, por fin, como un problema de salud *real que nos afecta a todos, y que no es cosa de gente loca o extraña, sino una pandemia — una mucho más silenciosa y mucho más duradera que la que vivimos en 2020 — de la que, hasta ahora, apenas se hablaba sin miradas extrañas y preguntas incómodas. Esta es, de hecho, esa única cosa a la cual me aferro para entender qué sentido tuvo todo aquello. Que, al menos, el mundo comenzó a ver y a apostar por la salud mental. Que yo, al menos, gracias a la poesía, comencé a priorizarla.*

Este es, por tanto, mi legado de cuarentena. Aquello que, en ese momento y en gran parte, me ayudó a salir adelante. Unas palabras, afirmaciones que hice en aquel momento en base a lo que me nacía entonces y a lo que yo sentía — o creía que sentía —. Unas palabras con las que, a día de hoy, no me identifico del mismo modo, que no necesariamente me representan o que no conforman lo que yo siento y pienso actualmente — pues, por suerte, mi percepción (de la belleza, de la naturaleza, de la vida) ha cambiado —, pero que, ante todo — y con sus más y sus menos — son las palabras (las mismas que escribí en ese momento y que he decidido dejar intactas), que me ayudaron a llegar hasta aquí. Y es precisamente porque estoy aquí, que este pequeño libro, esa es mi verdadera aspiración, es — ante todo — un legado de vida.

LEGADOS

DE CUARENTENA

~ Un variado compendio ~

■

ELISA CÍES NALÓN

A mi madre, por animarme.

A mi abuelo, que ganó la primera guerra y cayó en la segunda.

A Teo, creo que sabes por qué.

I. Aleve

En el jardín de los felones hay un
pájaro cantor.

Todos le temen, pues saben que, de
entre ellos,

es el menos traidor.

Dicen algunos que su plumaje está de
avellanas pintado.

Vestido de verde y azul, otros han
señalado.

El pájaro vuela, firme y tranquilo,

en medio de arbustos, árboles y flores
de espino.

El pájaro vuela, sereno y audaz,

confundiendo al ocelo enemigo.

Conocedor es, de que un mal
movimiento,

un aleteo demasiado impetuoso o sin
fundamento,

pueden hacer caer sus bandas.

Por ahora, él las revolotea,

mas no por mucho tiempo.

El Sol brilla y le ha cegado.

¿Acaso nuestro pájaro es de Ícaro hermano?

Del empíreo un proyectil ha sido disparado.

Las flores de espino atravesado.

Y ni avellana ni verde azulado.

de pólvora escarlata es

el color del que el suelo se ha empañado.

El pájaro cantor yace ahora en el jardín de los felones.

Nadie le teme ahora,

si acaso lamento es lo que provoca,

pues de sobra es conocido entre ellos, oh juglares,

que, en su jardín no hay peor traidor,

ni siquiera asesino o ladrón,

que el que, de palabra, ofusca a un felón.

II. El quinteto del poeta

[i.]Genio y figura

¡Cuánta genialidad fue depositada
en sus cabezas!

Pues con pluma amarga,
manuscrito y alcohol,

dieron con palabras más o menos
comprensibles,

más o menos valientes o
revolucionarias.

pero, me temo, irremediablemente
bellas.

Pero, ¡ay de ellos!, todo don tiene
un precio.

Una suma cero. Una deuda a
saldar.

Pues, ¿acaso Wilde, de Dorian
Gray padre eterno,

vivió libre y sin castigo?

¡No! La celda de Reading fue
testigo de sus tristezas.

Mas sus palabras jamás pudieron
fundirse tras los barrotes.

¿Acaso Woolf, de nombre
Virginia, murió dignamente?

¡No! Una vida de desdichas firmó
su caída hacia el Ouse.

Mas sus ideas jamás se
extinguirían río abajo.

Así pues, lo afirmo en entero
rotundo:

llámenlo destino, llámenlo
divinidad.

Todo prodigio es una bendición.

Pero nada de balde es en la nuestra
existencia.

Pues, claro está, he dicho.

Que no hay blanco sin negro,

no hay sombras sin luz.

Que la vida es la muerte.

Y que toda gracia tiene su
desdicha.

ii. Icono

¿Las leyendas encarnan la belleza?

Tan solo imágenes y recuerdos de culto son.

He crecido con el mantra,

mas a la fuerza he de dudar de tal sentencia.

¿Pues, acaso la muerte es gloria?

Dudosa idea del ser virtuoso.

Cavaron en el suelo su sepulto.

¿Esto es un gran final?

Envidiable es, no cabe duda,

Para, sólo aquellos, los románticos deprimidos,

mas no a los ojos del ser racional.

Pero, ¿quién lo es hoy día?

Sólo pues, los románticos deprimidos.

Mitos en vías de extinción,

ven la belleza inherente de un
mundo

cuya máscara y guía es la fealdad y
la muerte.

Pues, ¿acaso la muerte es gloria?

Sólo para quienes saben ver más
allá.

Pues la muerte no es gloria,

salvo para quien más allá de la
muerte, vivirá.

iii. Muerte y memoria

Es sobre tu losa

donde una flor del suelo he
prendido.

A la espera, entonces, quedo

de que la mísera semilla,

en vergel glorioso resulte.

Puesto que ahora que te has ido,

¿qué más me resta más que
aguardar?

Me prometiste una eternidad a tu
lado,

pero aquí yaciente eres,

víctima de la humana finitud,

como así yo lo soy

de unas palabras vacías que ante
mí juraste.

Ironías de la vida.

Tú, de las palabras dueño,

del recitar deudo.

y de las trovas autor.

No supiste cumplir lo escrito

en el aire que compartimos.

No supiste sellar con verdades

una sencilla frase de amor.

Mas, ¡cuán necia mi existencia es!,

dado que aquí aguardo paciente

a que el manantial de mis ojos
brotado,

un valle de flores ante mí riegue,

y germinando con esplendor en
tierra árida muestre

que tú en vida y en verdad me
amaste.

III.Sirenas

De la tierra bastardo adoptivo.

Del mar hijo orgulloso.

Su destino quedó así, sellado,

el mismo día que nació.

Mas él lo sabía y lo aceptó como
tal.

"Moriré ahí, mi reina.

Ahí, en alta mar".

"Mi reina", me decía,

¿acaso no sabía que yo era
consciente

de que siempre

su segundo amor fui?

Pero, desgraciada de mí, lo acepté.

Me enamoré de un marino,

y vaya si lo pagué.

Mi capitán surcaba el Golfo y la bahía.

Mas, decir cabe que él,

el mío amor,

nunca durmió en medio de la tormenta o del día.

En ese caso, no sería marinero.

Pues no hay peor deshonra,

cual rata que abandona el barco,

que no morir en el flanco,

el cielo marino surcando,

o bien en tierra de algas yacer.

Pues tu padre, de fallos no andaba falto.

pero si algún día a su tripulación faltó,

"¡que me caiga un rayo!", él diría.

Ya que de noche y de día, reitero,

el nuestro capitán, jamás fallaría,

aunque eso nuestra vida le costara.

Porque a tu padre se lo llevó una sirena,

bella, blanca y divina,

hipnotizante, fuerte y cantarina.

La misma que hizo perder la cabeza a cientos,

le hizo perder el aire a él.

A tu padre se lo llevó una sirena,

de ojos enormes y marino el aliento.

A tu padre se lo llevó una sirena,

espuria de Melville, sobrina de Dick.

A tu padre lo hundió una sirena,

y mi corazón murió con él.

IV. La contienda de los inocentes

i. Escalada

Rasguémonos las vestiduras,

cual Noé al cielo pidamos
clemencia,

pues se avecina una tormenta

que poco o nada dejará.

Y, como siempre,

han sido otros los que

pudiendo detener el hundimiento,

han desistido de amainar el
temporal.

Y, como siempre,

seremos nosotros sobre los que la
lluvia va a calar.

Pues, "¡que paguen cabales por
relapsos!".

"¡Que se maten entre ellos,

mientras en divagares absurdos

nosotros nos hallamos!"

La tierra que te crió

y nacer te había visto,

ahora te contemplaba.

A mansalva disparando.

A la señal marchando.

Hiriendo, matando.

"¿Qué se siente?"

Nunca te pregunté.

Nunca contestado hubieras.

Pues, ¿qué se supone que ha de
sentir uno,

cuando una vida desgarra?

No, pues no es que duela.

Es que te destroza por dentro y por
fuera.

Pues ni imaginar quiero,

tampoco puedo,

el pensar como un niño,

diez y siete años,

que hoy ni un vaso de vino

sus labios podrían rozar;

un fusil que cargar tuvo

para herir, matar.

Pues luchabas por una bandera

que el zagal de pueblo que eras

dudo mucho que conociera
siquiera.

Mas ahí estabas,

"a mansalva disparando".

Y hoy otros usan vuestro dolor

" a la señal marchando".

Tus pesadillas, vuestra desgracia
de ayer,

para justificar unos colores,

que ni a ti ni a cientos,

osaron explicaros

antes de ahí estar cayendo

o bien a vuestros hermanos
matando.

iii. 1943

De negro vestían.

Entonces no mencionaré el color
de sus almas.

Entonces no clasificaré por
tonalidad.

¡Artista entonces me dirían!,

mas lo cierto es que no había algo
que clasificar.

Un lienzo vacío, por mucho que
esté uniformado,

¿se considera pintado de lo
humano?

No hay tono que definirlo pueda.

Ni negro, ni rojo, ni blanco.

Ya que la razón en ello

vendría a significar

que realmente aquellos vestiglos
tenían alma.

Eso vendría a significar

que, al menos, una ramalada de dolor

sus ojos habría cubierto.

Mas te aseguro que no la había.

Ni dolor, ni pena.

Ni compasión siquiera.

Como máquinas desechaban,

pues meros números éramos.

Si acaso una estrella de amarillo prendida.

Una mujer, un hombre, una criatura,

un hueso a rayas cubierto,

que pronto al cielo volaba.

Como máquinas desechaban.

Y bien lo supieron Chelmno, Dachau o Belzec,

como autómatas nos mataban.

iv. 2020

El velo descendió desde lo alto,

y a lo alto se los llevó.

Cargado de almas ancianas,

sabias y antes muy vivas,

mas ya nunca más.

Tan pronto para ellas,

demasiado tarde para despedirlas.

Se las llevó como si nunca
hubieran existido,

como si la tierra no hubiera sentido
su latido,

como si su latido no hubiera sido
el de la tierra misma.

Pues atrás dejaron una hueca y sin
rumbo,

mas ellos sabían su destino,

siempre lo habían sabido.

Algunos, como no, temían que ese día llegara,

otros, ni lo notaron.

Un dulce y amargo veneno les cercenó todo cuanto conocían.

¿Has oído hablar del recuerdo?

Eso, y cenizas, fue todo lo que quedó de ellos.

Y, triste y paradójico, es el ser humano,

pues fue entonces, cuando los hijos de las almas,

— ellas ahora muertas —,

comenzaron a vivir

en un lugar triste y desolado,

amargamente olvidado,

mas distinto, no todo había de ser malo.

Los momentos duraban más paladeados.

Las risas y los besos no eran algo vano.

La vida, ahora, estaba ligada a la muerte.

Pero, a diferencia de antes,

y, por ello, precisamente,

estaban vivos, al fin y al cabo.

[V.]Armisticio

Si hasta aquí has llegado,

ten lo que te digo muy presente:

"si no es para escapar de ella

jamás honres el nombre de la muerte".

V. Valores de <u>lo</u> humano

^{i.} <u>Libertad</u>

El imaginario colectivo,

de sueños nos ha llenado.

Abstracciones de la realidad,

que inalcanzables no dejan de ser.

Podemos soñar,

y hay, ciertamente, algo bello en la
posibilidad

de creer que somos de alcanzar
capaces

un algo intangible,

que en el fondo nos llene.

Mas desde aquí,

mi mera humildad,

yo te señalo,

que la posibilidad de soñar es la
verdadera libertad.

Pues los altos mandos de soñar no
pueden,

pues de sueños mortales su
realidad está hecha.

Y eso,

en cierto modo,

te atrapa y no te deja opción.

Eso, en cierto modo,

es una forma de sumisión

.

ii. <u>Osadía</u>

¿Cómo es que se atreve,

a caminar a ciertas horas,

con una falda al vuelo

y de noche sola?

¿Cómo es que osa,

al alba volver,

de jarana lejana,

a casa rendir?

¿Cómo es que se aventura,

bajo del cielo,

manto nocturno,

en eses danzar,

sin temor a los monstruos que acechan?

¿Cómo es que pues,

osa ella,

tratar de ser libre?

VI. Ripios de amores en flor

[i.]Preludio

Resquicios algunos de recuerdos juveniles

Mas, es seguro, esculpidas al detalle.

Bellas, osadas, tristes y traviesas.

Los poemas que nos legaron no son meros momentos,

sino de lo que ser pudo, lamentos.

ii. El capullo abierto

Si el primer día he de recordar

diremos que en ti no me fijaba,

pues motivo de sonrojo mío sería
el admitir,

lo que en verdad de aquel entonces
recordaba.

Pues yo amar, amaba.

¿Se puede a dos personas a la vez?

Mi duda quedó entonces disipada

"Por supuesto que no",

mi ser de quince primaveras diría.

Mas, cosas de la vida,

llegaste tú con una respuesta
distinta a la mía.

iii.Pétalo al suelo

Si el segundo día he de evocar,

diremos que no reconocía lo
evidente,

y no hace falta pensar mucho,

para saber lo que en aquellos
tímidos instantes,

fugaz cruzaba mi mente.

Pues yo querer, quería decírtelo,

de valor hincharme,

¡gritar, hablar!

y hacerte en mí pensar,

del mismo modo que yo,
sencillamente,

contigo, y no con él,

no dejaba de soñar.

Pues yo querer, quería,

ansiaba por amar.

"¿Sientes lo mismo?", te diría,

Y una cohibida sonrisa a mí
dedicado hubieras.

"Diremos que sí", afirmarías,

y mi presente y futura sentencia,

así sellada tendrías,

de vida y de amor más allá de la
muerte,

recuerdo de primavera adolescente,

que aún hoy,

conforma la quimera mía.

VII. Cartas al cielo

¿No dijeron que del cielo solamente

los ángeles caídos bajan?

No lo creo. He, pues, de dudar.

Pues las nubes descendieron a despedirse,

capazos de los querubines que en ellas iban.

Se acurrucaron al lado de la tierra.

Traían consigo una cama para alzarte.

Un dosel vaporoso para taparte.

Una compañía para marcharte.

¿He de suponer, deducción de ello,

que nunca más seré yo tu cayado?

Tu sostén de noche quitado y de día enmendado.

Tu alegría en las mañanas de nebuloso aire.

Tu sol en las anubladas mañana de invierno.

¿He de suponer, por ello, que nunca más serás tú mi séptimo cielo?

Pues te has ido un paso un más allá.

Oh, Dios mío.

Mi luna nueva.

Oh, amor mío.

Mi primer despertar.

Oh, alma mía.

Mi último anhelo.

De mi corazón de cuajo despojado.

Al cielo, sé y todo el mundo conmigo,

Que al cielo ha volado.

He de suponer pues, que nunca
más a brillar volveremos en

el fulgurante cielo terrenal que
cogerte de la mano era.

He de suponer pues, que nunca
más volver podré

a mirar tus ojos de zafiro.

He de suponer pues, que nunca
más revolverme podrás

el pelo ennegrecido.

¿He de suponer?

No, mi corazón cae hecho añicos,
pues sabe que no he de ello.

Sino de aceptar.

Que ya nunca más podré besar tu
cuello

y escribir mi nombre en tu cuerpo.

Ahora he de enviar cartas al cielo

y sellarlas, pues, con un beso.

VIII. La leyenda tiene forma humana

[i.]La hija del pueblo

De ojos negros profundos

y larga cabellera de cuervo,

por la vía de la Etnea va danzando
a sus anchas,

una joven que no le teme a nada.

¿Por qué de ello habría?

Pues si es temor lo que hay en el
aire,

Dios sabe que es ella quien al resto
lo infunde.

Su legado viene de lejos,

y hoy es imposible escapar.

Las cosas nuestras se ha llevado.

Imposible protestar, replicar.

Truco o plata.

Plomo o trato.

Elige cual plazcas,

ella ganará igual.

Pues por la Etnea va danzando orgullosa.

Reina de Italia.

Heredera de Catania.

Por ahí va danzando la hija del pueblo.

Nuestra niña, la mafia.

II. Lady K.

La reina única de una república.

Pues, de tímida y fuerte elegancia.

Lady K. encandiló hasta aquellos

que sólo en ella un florero veían.

Estandarte de la belleza en todas
sus formas,

tiene pues, hasta algo de profético,

que de rosa impecable ella vistiera,

en el instante mismo en que su
corazón,

y el de medio mundo,

aquella mañana se detuvo.

Pues apenas fue un segundo,

mas suficiente para la Historia

condensar en un instante.

Un Lincoln Continental brillante.

Un hombre cayó hacia adelante.

Y tú de rosado vestías,

mientras lágrimas carmesí tu traje
envolvían.

Y el hombre desleal que,

pese a ello, tú habías amado

a tu lado, blanco, yacía.

IX. El pequeño pueblo de la colina

^{i.}El seno del mundo

Roma, imperio del mundo que un día fue.

Gloria de dioses y suelo del César.

Tierra de contradicciones y de honores cielo.

Arcaica y moderna.

Monumentalmente clásica.

Mundo de la gloria del hombre romano.

Desdicha de aquel que osó no ser así.

Curiosa es la Historia, la de Roma y el entero mundo.

Pues fue una humilde mujer la que sembró un día

una pequeña semilla en las colinas
del Palatino,

que por todo el globo conocido
germinó.

Y, tales como ella, luego
desdichadas serían,

pues parece que ellos no conocían
la suya historia,

y marginadas y heridas las
dejarían.

Pues fue una mujer,

de Rómulo y Remo madre de
adopción por compasión,

que la profesión más antigua del
mundo ejercía,

la misma loba que amamantó a dos
niños

que luego el gran imperio del
mundo fundarían.

ii. El orgullo del Coliseo

Y si hemos de morir en el olvido,

muramos con honor.

Y si hemos de caer,

hagámoslo con gracia.

Pues, ¿no lo hicieron aquellos que
nos preceden?

Pues, ¿no lo hicieron aquellos por
los cuales morimos?

Dignifiquemos la caída,

aún cuando es indigna.

Dignifiquemos la sangre,

aún cuando es de un hermano.

Algún día, aquellos que hoy nos
ven caer

serán llamados los caídos.

Algún día, aquellos que hoy nos
aplauden

a la par que nosotros somos
abatidos,

algún día, aquellos que construyen
nuestras cadenas,

y celebran victoriosos lo peor de lo
cruel,

que no te quepa la menor duda,

serán los que su vida derramaré

iii. La caída de la corona

Somos los niños de los que un día fueron.

La huella de aquellos que caminaron.

Somos cachorros de los primeros tiranos

y descendientes del odio que trajeron.

Desde la verde Britania,

hasta las faldas del Medio Oriente.

Un mundo entero probó nuestra cicuta,

y desde el cielo, los dioses el dolor escuchan.

¿Perdonan? En verdad lo desconozco.

Pues los grandes decían,

que su poder de ellos venía.

Pero sólo a Marte complacieron,

a Iustitia, dieron la traición.

Pues hubo guerra, mas no de
honrado calibre.

Sangre, sudor, muerte y lágrimas,

el Imperio glorioso del águila,

no solo hizo honor al derrame del
agua de Baco.

Sangre, sudor, muerte y lágrimas.

Un pueblo devastado,

para gloria de Roma.

Un niño asesinado,

para gloria de Roma.

Una mujer lapidada,

para gloria de Roma.

El mundo moderno crearon.

Edificaciones, palabras, cruces y
teatros.

¿La cultura han llevado?

No lo dudo, mas también

miles de muertos, aniquilados,

desdichas y hermanos separados.

Todo ha sido, todo fue, todo será
siempre

para gloria de Roma,

imperio eterno de Occidente y
Oriente,

muerte de todo lo que antes vino

padre del oprobio y orgullo
continuo

ejecutor del de muchos, último
suspiro.

X. El surcar era simple

Volar.

De humanos es el soñar.

Pues, ya el dicho ha rezado,

que gratis es el pensar

que algún día el hombre podrá
volar.

Y por ello, desde la genialidad del
que fuera Leonardo

hasta que la curiosidad de los
Wright,

hizo que, de los vuelos, el primero
completasen,

la humanidad había pensado que
volar,

sólo de pájaros es posible.

Dibujar las suyas huellas en las
nubes de algodón,

ir un paso más allá del anhelo
simple,

a bordo de las alas de un avión.

Mas, ¡qué sencilla era la
respuesta!,

sin que necesarios fuesen

tantos cálculos, fallos y cambios de
tuerca.

Frente a los ojos del mundo,

oculta y a la vez desvelada,

su duda resuelta se hallaba.

Pues parece que ninguno de los
que las alas han inventado,

había alguna vez volado.

¿Sin más tal mentira la historia ha
aceptado?

Pues volar existe desde la semilla
del primer ser humano.

¿O acaso es que de creernos
hemos,

que de ellos ninguno,

"los inventores" proclamados,

las grandes mentes del tiempo

nunca antes habían amado?

XI. Pretenciosa

Graznidos, gruñidos,

grisáceos susurros.

"¡Vergüenza, vergüenza!

¡Para ella, cárcel seguro!"

"Silencio, silencio", gritan atrás.

El silencio sume a la sala,

la acusada acaba de entrar.

Dos hombres de negro vestidos,

escoltan al prisma reluciente que
es ella,

la "culpable" llamada,

y de las críticas diana.

El blanco negruzco juez la increpa,

ella comienza a hablar.

Presionada, su defensa ha
claudicado.

Ella, ¡ha jurado!

jamás lo hará.

Pues querer desplegar las alas de
pavo real coloridas

puede costar el insulto o el
oprobio,

pues en un mundo de palomas
blancas negras grisáceas

el barroco es distinto, es extraño.

"¡Así que usted me acusa de delito
capital!

Y yo lo afirmo, ¡soy culpable!

Y no es ni orgullo ni pavoneo
quien así lo dice,

más allá del propio de una persona
digna.

¡Y de loca me podrán tratar!

Mas yo lo llamo como algo
presumible,

el querer vivir así en un mundo
terrible,

que condena al pretencioso,

en vida y bajo tierra,

mucho más de lo que, en
existencia

en cara se echa,

al asesino, al ladrón o al traidor
orgulloso.

"¡Cúlpenme si así les place!

Mi alma y mi cuerpo no vacila".

El ser pretencioso es lo mejor que
este mundo odioso ofrece

Colorido, barroco, tremendo y
colorista.

¿Pretenciosa hasta al extremo, me
dice?

Profunda y enteramente yo misma
me culpo.

Pues en una vida existencial frágil
y rota.

Es el nuestro modo de seguir
adelante.

De sobrevivir y llegar como puedo
a ver

un mundo de colores pintados.

Mientras que si no fuera culpable.

Solamente del gris color del
cadalso,

la esfera veríamos.

"¡Así que grito!

¡Yo grito!

¡Ustedes seres grises!

¡Chismorreen, pululen, cotilleen!

¡Ustedes, insustanciales!

¡Revuélvanse, critiquen, voceen!

Hagan lo que les plazca.

Pues en lo que a mí resta,

ustedes razón llevan.

Soy, por tanto, culpable de sobra.

Soy, por tanto, una joven
pretenciosa.

Soy así, responsable de lo que se
me acusa,

en este mundo de gente de
tonalidad sencillamente insulsa".

Elisa Cíes Nalón

Impresión y editorial: BoD – Books on Demand
info@bod.com.es - www. bod.com.es
Impreso en Alemania – Printed in Germany
ISBN: 9783755754299